15 (1908)

# CONGRÈS INTERNATIONAL
# DES ORIENTALISTES

## QUINZIÈME SESSION

### COPENHAGUE, 14—20 Août 1908

HAUT PATRONAGE
DE S. M. LE ROI FRÉDERIK VIII

(1908, II)

# PRÉSIDENTS D'HONNEUR

A côté de S. A. R. le Prince Royal CHRISTIAN, S. A. I. R. l'Archiduc RAINER a daigné accepter le titre de Président d'honneur du Congrès.

# COMITÉ D'ORGANISATION

*Président:* Professor Dr. VILH. THOMSEN, St. Knuds Vej 36.

*Vice-Président:* Professor Dr. FR. BUHL, Österbrogade 56 A.

*Secrétaire général:* Dr. CHR. SARAUW, Frederiksberg Allée 48.

*Membres:* Professor Dr. DINES ANDERSEN, Steen Blichers Vej 4.

Professor J. C. JACOBSEN, Nörre Voldgade 20.

Dr. J. ÖSTRUP, Nørrebrogade 42.

Professor Dr. VALDEMAR SCHMIDT, Ny Kongens-gade 14.

# COTISATIONS

Carte de Membre: 18 couronnes (25 francs, 1 £, 20 marks).

Carte de Dame: 9 couronnes (12,50 francs, 10 shill., 10 marks).

La carte de Membre est obligatoire pour tous les Membres du Congrès. La carte de Dame n'est délivrée qu'aux Dames accompagnant un Membre du Congrès et faisant partie de sa famille; elle donne les mêmes droits que la carte de Membre, à l'exception des publications.

On est prié d'adresser les adhésions, autant que possible avant le 15 juillet, au Trésorier du Congrès, M. le Conseiller intime J. GLÜCKSTADT, Landmandsbanken, Holmens Kanal 12, ou à l'un de MM. les commissionnaires du Congrès:

Herr OTTO HARRASSOWITZ, Querstrasse 14, Leipzig.

M. ERNEST LEROUX, 28 rue Bonaparte, Paris.

M. C. PELTENBURG, Maison Brill, Oude Rijn, Leyde.

Messrs. PROBSTHAIN & Co., 41 Gr. Russell Street, London W. C.

Le Comité serait reconnaissant aux Membres du Congrès de vouloir bien en même temps qu'ils envoient leur cotisation à l'une des adresses ci-dessus indiquées avertir de leur adhésion le Secrétaire général, avec indication exacte du nom et de l'adresse.

# FACILITÉS DE TRANSPORT

Les voies ferrées danoises par lesquelles Copenhague communique avec l'étranger, sont d'assez courte étendue et d'un tarif peu élevé. On n'a donc pas jugé à propos de demander ni cru possible d'obtenir une réduction sur les prix des billets de chemin de fer.

La Compagnie réunie des Bateaux à vapeur (DET FORENEDE DAMPSKIBSSELSKAB), Copenhague, a bien voulu accorder une réduction de 50 pour cent sur les prix nets des passages (hormis la nourriture) aussi bien pour un seul trajet que pour l'aller et retour et tant pour les routes locales que pour les lignes comprises dans des billets combinés. Cette réduction sera valable pour les lignes Harwich (Parkeston Quay) — Esbjerg et Christiania, Stettin, Hull, Newcastle—Copenhague depuis le commencement de la quinzaine qui précède le Congrès jusqu'à la fin de celle qui le suit. On payera son billet le prix net du trajet (de l'aller et retour, respectivement): le remboursement de la différence entre le prix ordinaire et le prix réduit aura lieu à Copenhague, par l'intermédiaire du Bureau du Congrès, après présentation d'un bulletin signé par le capitaine du paquebot.

Les Membres du Congrès qui désirent profiter de cet arrangement devront en avertir le Secrétaire général quinze jours au moins avant leur départ, afin qu'il leur envoie le bulletin nécessaire.

A ceux qui désireront seulement retourner de Copenhague par les bateaux de la Compagnie, le Bureau du Congrès délivrera des bulletins donnant droit d'obtenir, au Bureau de la Compagnie, des billets à prix réduit.

Quant à la réduction correspondante qui avait été annoncée pour la ligne New York—Copenhague, l'usage établi ne permet malheureusement pas à la Compagnie de l'accorder. Mais, grâce à l'initiative généreuse d'un certain nombre de personnes privées s'intéressant au Congrès, le Comité est heureux de pouvoir offrir le retour gratuit à un nombre restreint des Membres du Congrès ayant fait la traversée jusqu'à Copenhague par l'un des paquebots de la Compagnie danoise qui partent de New York pendant la seconde moitié de juillet («C. F. Tietgen», «Oscar II»). Le prix entier des billets devra être payé à MM. A. E. Johnson & Ci⁰, 1 Broadway, New York; ce n'est qu'après l'arrivée des Membres à Copenhague que le Bureau du Congrès se chargera de payer (ou de rembourser le prix payé pour) le retour par la même route contre présentation d'un certificat délivré par le capitaine du paquebot. Les Membres du Congrès qui désirent profiter de cette occasion sont priés d'en avertir le Secrétaire général aussitôt qu'il leur sera possible et en tous cas avant le 15 juin.

La Compagnie Finlandaise des Bateaux à vapeur (FINSKA ÅNGFARTYGSAKTIEBOLAG) à Helsingfors a bien voulu accorder aux Membres du Congrès, pour l'aller et retour et pour toutes ses lignes (Finlande ou Hull—Copenhague), une réduction de 40 % sur le prix de deux billets ordinaires (hormis la nourriture). En payant les billets au Bureau ou chez les Agents de la Compagnie on devra se servir de la carte de Membre comme pièce de légitimation.


# LOGEMENTS

Les Membres qui comptent descendre dans un hôtel déterminé feront bien d'y commander des chambres dès à présent et de demander une réponse. Ceux qui préfèrent se procurer des logements par l'intermédiaire du Comité soit dans un hôtel soit dans une pension ou dans une famille, devront en avertir le Comité (à l'adresse de M. le Dr J. Östrup, Nörrebrogade 42) avant **le 1er août** au plus tard. Prière d'indiquer exactement ce qu'on désire, avec la date de l'arrivée, le prix maximum et, éventuellement, les préférences pour tel ou tel quartier de la ville, etc.

Prix moyen pour une chambre à 1 lit : 3 cour. 50 dans les hôtels ; de 2 à 4 cour. dans les pensions.

## PROGRAMME PRÉLIMINAIRE DU CONGRÈS

Jeudi, 13 août. Réunion amicale sans cérémonies à 8 heures et $^1/_2$ du soir.

Vendredi, 14 août. Ouverture solennelle du Congrès dans la grande salle de l'Université, à 10 h. du matin. Le soir, réception à l'Hôtel de Ville, offerte par la Municipalité.

Dimanche, 16 août. Excursion aux environs de Copenhague, offerte par le Comité.

Lundi, 17 août. Réunion amicale dans le pavillon du Yacht-Club, Langelinie, dès 6 h. et $^1/_2$ du soir.

Jeudi, 20 août. Séance de clôture. — Le soir, banquet offert par le Comité.

Tous les jours de la semaine, séances des sections ou séances générales dans les salles de l'Université.

# DÉLÉGUÉS

---

Outre les délégués dont nous avons rendu compte dans le bulletin précédent, plusieurs Gouvernements et Institutions savantes nous ont fait l'honneur de désigner des délégués pour les représenter officiellement au Congrès.

## GOUVERNEMENTS

### ALLEMAGNE:

Kaiserlich Deutsche Regierung:

Herr Geheimer Legationsrat Dr. Rosen, Kais. Deutscher Gesandter in Tanger,

Herr Dr. Max Freiherr von Oppenheim, Legationsrat in Cairo.

Königl. Bayrische Regierung:

Herr Geh. Hofrat, Professor Dr. E. Kuhn,

Herr Professor Dr. K. Krumbacher,

Herr Professor Dr. Wilh. Geiger.

### AUTRICHE:

K. K. Ministerium für Cultus und Unterricht:

Herr Hofrat, Professor Dr. David H. Müller.

Herr Professor Dr. Leopold v. Schroeder.

### BELGIQUE:

Ministère des Sciences et des Arts:

M. le Professeur W. Bang, Louvain,

M. le Professeur I. Cumont, Gand,

M. le Professeur DE LA VALLÉE-POUSSIN, Gand,
M. le Professeur BOISACQ, Bruxelles,
M. le Professeur CHAUVIN, Liège,
M. le Professeur COLINET, Louvain,
M. le Professeur A. CARNOY, Louvain,
M. le Professeur et Chanoine FORGET, Louvain.

## CHINE:

## ÉTATS UNIS D'AMÉRIQUE:

Department of State:
  Professor PAUL HAUPT, Johns Hopkins University,
  Professor C. R. LANMAN, Harvard University,
  Professor MORRIS JASTROW, University of Pennsylvania,
  Professor A. V. W. JACKSON, Columbia University.

## FRANCE:

Ministère de l'Instruction publique:

## GRANDE-BRETAGNE:

Professor E. G. BROWNE, M. A., Cambridge.

## GRÈCE:

M. le Professeur SPIRO PAPAGEORGE,
M. le Professeur S. CAROLIDIS,
M. le Professeur SPIRIDION LAMBROS,
M. le Professeur A. G. POLITIS.

## INDE BRITANNIQUE:

Sir CHARLES J. LYALL, K. C. S. I., C. I. E., LL. D.

## INDO-CHINE:

Gouverneur Général:
  M. LOUIS FINOT, Professeur au Collège de France.

ITALIE:

NORVÈGE:

M. le Professeur I. A. KNUDTZON.

SIAM:

M. le Colonel G. E. GERINI (PHRA SARASAT PHONLAKHAN).

TUNISIE:

Résident Général:

TURQUIE:

S. Exc. HAMID BEY, Conseiller d'ambassade près l'ambassade à Londres.

## INSTITUTIONS SAVANTES

ALGÉRIE:

École des Lettres d'Alger: M. le Directeur RENÉ BASSET, M. LESPÈS, Chargé de Cours.

ALLEMAGNE:

Universität Heidelberg: Herr Professor Dr. KARL BEZOLD.
Grossherzogl. Ludwigs-Universität, Giessen: Herr Professor Dr. H. GUNKEL, Herr Professor Dr. CHR. BARTHOLOMAE.
Vorderasiatische Gesellschaft, Berlin: Herr Professor MARTIN HARTMANN, Herr Lic. Dr. ALFRED JEREMIAS.
Geographische Gesellschaft, München: Herr Professor Dr. L. SCHERMAN.

AUTRICHE:

K. k. Hofbibliothek, Wien: Herr Director, Hofrat Ritter VON KARABACEK.

ÉGYPTE:

Institut français d'Archéologie orientale, Le Caire: M. le Directeur Chassinat.

Institut Égyptien, Le Caire: Herr Dr. jur. Ottmar v. Mohl, Kgl. Preuss. Kammerherr und Kaiserl. Deutsch. W. Geh. Leg. Rat.

ÉTATS UNIS D'AMÉRIQUE:

American Academy of Arts and Sciences, Boston: Professor Charles R. Lanman, Professor George F. Moore.

University of California, Berkeley: Professor John Fryer.

Columbia University, New York: Professor A. V. W. Jackson, Professor Rich. Gottheil, Professor Fr. Hirth.

Drew Theological Seminary, Madison: Professor Robert W. Rogers.

Johns Hopkins University, Baltimore: Professor Paul Haupt, Professor Maurice Bloomfield.

Smithsonian Institution, Washington: Professor Paul Haupt.

FINLANDE:

Société finno-ougrienne: M. le Sénateur Dr. O. Donner et M. le Professeur E. N. Setälä.

FRANCE:

Faculté des Lettres de l'Université de Paris: MM. Chr. Diehl, Revon, Foucher et Vaudoyer.

École française d'Extrême Orient, Paris: M. le Professeur Louis Finot.

Musée Guimet, Paris: MM. Émile Guimet et A. Moret.

Université de Lyon: MM. les Professeurs Maurice Courant et Victor Loret.

Société de Géographie, Paris: MM. les Professeurs Henri Cordier et Louis Blanc.

Société des Traditions populaires, Paris: MM. les Professeurs HENRI CORDIER, GAUDEFROY DEMOMBYNES et LÉON PINEAU.

GRANDE-BRETAGNE:

University of Aberdeen: Rev. JAMES GILROY, Professor.

University of St. Andrews: Professor D. M. KAY.

University of Cambridge: Professor EDWARD GRANVILLE BROWNE, Professor EDWARD JAMES RAPSON, Professor FRANCIS CRAWFORD BURKITT, Professor ANTHONY ASHLEY BEVAN, Professor HERBERT ALLEN GILES, Mr. REYNOLD ALLEYNE NICHOLSON, University Lecturer, Mr. NORMAN MC LEAN, University Lecturer, Mr. STANLEY ARTHUR COOK, Member of the Board of Oriental Studies, HALÍL HÁLID EFENDI, University Teacher.

University of Durham: Rev. I. T. FOWLER, Hon. Canon and Lecturer.

University of Glasgow: Rev. Professor WILLIAM B. STEVENSON, Rev. THOMAS H. WEIR.

University of Liverpool: Professor PERCY E. NEWBERRY.

University of London: Rev. Professor HERMANN GOLLANCZ, Dr. HARTWIG HIRSCHFELD, Sir CHARLES LYALL, Mr. FRED. W. THOMAS.

University of Oxford: Mr. CHARLES F. BURNEY, M. A., D. Litt., Mr. GEORGE BUCHANAN GRAY, M. A., D. Litt., Mr. ROBERT H. CHARLES, M. A., D. Litt., Mr. WILLOUGHBY C. ALLEN, M. A., Professor LAWRENCE H. MILLS, Hon. M. A., Mr. GEORGE S. A. RANKING, M. A., Mr. CHARLES J. BALL, M. A., Mr. WILLIAM HOEY, Hon. M. A., Mr. ARTHUR E. COWLEY, M. A., Mr. JOHN F. STENNING, M. A., Mr. GRIFFITHES W. THATCHER, M. A.

University of Wales: Professor T. WITTON DAVIES, Rev. Professor D. TYSSIL EVANS.

Pali Text Society: Professor Dr. WILH. GEIGER, Professor Dr. DINES ANDERSEN, Mrs. RHYS DAVIDS, M. A.

British & Foreign Bible Society: G. A. GRIERSON, Esq., D. Litt., Ph. D., C. I. E.

HONGRIE:

Magyar Tudományos Akadémia (Académie Hongroise des Sciences): MM. les Professeurs IGNAZ GOLDZIHER et HERMANN VÁMBÉRY.

Magyar Nemzeti Múzeum (Musée National Hongrois): M. le Professeur ED. MAHLER.

Keleti kereskedelmi Akadémia (Académie orientale de Commerce): M. le Dr. IGN. KÚNOS, Directeur.

ITALIE:

Istituto di studi superiori, Firenze: M. le Professeur PAOLO EMILIO PAVOLINI.

Reale Accademia Peloritana, Messina: M. le Marquis, Prof. GIACOMO DE GREGORIO.

Reale Accademia di scienze, lettere e belle arti di Palermo: le même Monsieur.

Collegio Rabbinico Italiano, Firenze.

Società Asiatica Italiana, Firenze: M. le Professeur PAOLO EMILIO PAVOLINI.

PAYS BAS:

Ignatius Colleg, Valkenburg (Limb.): P. FR. KUGLER et P. AUG. MERK.

RUSSIE.

Université Imp. de Moscou: M. le Professeur Dr. VICTOR K. PORŽEZINSKIJ.

Université Imp. de Jourieff (Dorpat): M. le Professeur Dr. ALEX. DE BULMERINCQ.

Société russe des Etudes Orientales, St.-Pétersbourg: M^me OLGA
DE LEBEDEW, M. le Colonel en second d'État-major A. SNES-
SAREW, M. A. IWANOW, adjoint à l'Université de St.-Péters-
bourg, MM. les Professeurs TH. KNAUER et N. STRÉBOULAÏEW
et M^me la Comtesse DELLA SALA.

### SUÈDE:

Göteborg Högskola: MM. les Professeurs EVALD LIDÉN et
OTTO EMIL LINDBERG.
Göteborgs Kungl. Vetenskaps- och Vitterhetssamhälle: les
mêmes Messieurs.
Språkvetenskapliga sällskapet, Upsala: M. le Professeur Dr.
K. V. ZETTERSTÉEN.

### SUISSE:

Université de Lausanne: M. le Professeur I. SPIRO.

### SYRIE:

Université St. Joseph, Beyrouth: le R. P. LOUIS CHEIKHO et le
R. P. HENRI LAMMENS, Professeurs.

# ADHÉSIONS INDIVIDUELLES

### ALLEMAGNE:

Herr Professor Dr. CHR. BARTHOLOMAE, Giessen, Alicestr. 13.
Herr Geh. Reg. Rat Professor Dr. DEUSSEN, Kiel, Beselerallee 39.
Herr Professor Dr. M. FAULHABER, Strassburg ^i/E., Fridolinstr. 2.
Herr Professor Dr. A. FISCHER, Leipzig, Mozartstr. 4^III.
Herr Professor Dr. O. FRANKE, Königsberg ^i/Pr., Bahnstr. 32.
Herr OTTO HARRASSOWITZ, Leipzig, Querstr. 14.

Herr Geh. Reg. Rat Professor Dr. F. KIELHORN u. Frau LUISE
KIELHORN, Göttingen, Hainholzweg 21.
Herr Professor Dr. S. MAYBAUM, Lehranstalt f. d. Wissenschaft
des Judentums, Berlin.
Frau LINA MAYBAUM, Berlin.
Herr Dr. phil. O. NACHOD, Grunewald b/Berlin, Hagenstr. 57.
Herr Dr. OTTO STRAUSS, Berlin W. 10, Hildebrandstr. 20.
Herr Rabbiner Dr. VOGELSTEIN, Stettin, Falkenwalderstr. 127.
Frau ROSA VOGELSTEIN,                »                »
Fräulein JULIE VOGELSTEIN,           »                »
Herr Professor Dr. A. WIEDEMANN, Königstr. 32, Bonn.
Frau Professor WIEDEMANN,                 »            »
Fräulein WIEDEMANN.                        »            »

### AUTRICHE:

Herr Dr. ALEXANDER DEDEKIND, K. K. Custos der Sammlung
aegyptischer Altertümer, Burgring 5, Wien 1.
Herr Professor Dr. JOH. DÖLLER, Höhnegasse 27, Wien.
Herr Professor Dr. P. NIVARD SCHLÖGL, Stift Heiligenkreuz,
Baden.

### BELGIQUE:

M. J. FORGET, Professeur à l'Université catholique, Louvain.

### DANEMARK:

Hr. Professor Dr. DINES ANDERSEN, Steen Blichers Vej 4.
Hr. Professor Dr. FR. BUHL, Østerbrogade 56 A, København.
Hr. Professor J. C. JACOBSEN, Nørre Voldgade 20,      »
Hr. Sognepræst OVE CHR. KRARUP, Hvidbjerg v. Aa, pr. Bed-
sted.
Hr. Konferensraad TH. E. PETERSEN, Ny Vestergade 12, Køben-
havn.
Hr. Raadmand G. PHILIPSEN, Jernbanegade 6, København.

Hr. cand. theol. OTTO RAVN,          København.
Hr. Dr. phil. CHR. SARAUW, Frederiksberg Allee 48, København.
Hr. Professor D. SIMONSEN, Skindergade 28, København.
Fru SIMONSEN,          »          »
Hr. cand. mag. W. THALBITZER, Alleegade 23, København.
Hr. Dr. phil. ANTON THOMSEN, Skindergade 29, København.
Fru ADA THOMSEN, Mag. Art.,      »         »
Hr. Professor Dr. VILH. THOMSEN, St. Knuds Vej 36,   »
Fru KAREN THOMSEN,         »       »
Hr. Stiftsprovst Dr. theol. R. VOLF, Storehedinge.


ESPAGNE:

M. MIGUEL ASIN PALACIOS, Professeur à l'Université centrale
    de Madrid.


ÉTATS UNIS D'AMÉRIQUE:

Professor ISRAEL FRIEDLAENDER, The Jewish Theol. Seminary
    of America, 531—535 West 123$^d$ Str., New York City.
Mrs. ISRAEL FRIEDLAENDER, The Jewish Theol. Seminary of
    America, 531—535 West 123$^d$ Str., New York City.
GEORGE C. O. HAAS, Esq., 64 East 7$^{th}$ Street, New York City.
Professor PAUL HAUPT, Johns Hopkins University, Balti-
    more, Md.
Professor FRIEDRICH HIRTH, New York 501 West 113$^{th}$ Str.
Professor A. V. WILLIAMS JACKSON, 16 Highland Place, Yon-
    kers, N. Y.
Professor CHARLES R. LANMAN, Harvard University, Boston.
Professor HANNS OERTEL, 2 Phelps Hall, Yale Station, New
    Haven, Conn.
Professor J. D. PRINCE, Columbia University, New York City.
Professor Dr. ROBERT W. ROGERS, Drew Theological Semi-
    nary, Madison, N. J.
Professor CRAWFORD H. TOY, Harvard University, Boston.

FINLANDE:

M. le Sénateur O. DONNER, 12 Norra Kajen, Helsingfors.

M. KARL DONNER,                 »              »

Mme M. DONNER,                  »              »

M. le Baron C. MUNCK,                    Helsingfors.

FRANCE:

Mlle MARIE-LOUISE ANGLADA, 88 rue Bonaparte, Paris.

M. RENÉ BASSET, Directeur de l'École Supérieure des Lettres, Villa Louise, 20 rue Denfert-Rochereau, Alger.

M. AUGUSTE BARTH, Membre de l'Institut, 10 rue Garancière, Paris VIe.

M. le Baron DE BAYE, Membre de la Société des Antiquaires de France, Paris.

S. A. le Prince ROLAND BONAPARTE, 10 avenue d'Iéna, Paris XVIe.

M. RENÉ DUSSAUD, Professeur à l'École d'Anthropologie, 133 avenue Malakoff, Paris.

Mme RENÉ DUSSAUD, 133 avenue Malakoff, Paris.

M. ROBERT GAUTHIOT, Professeur à l'École des Hautes-Études à la Sorbonne, Paris.

Mgr GRAFFIN, Professeur de Syriaque à l'Institut Catholique, 47 rue d'Assas, Paris VIe.

M. ÉMILE GUIMET, Directeur du Musée Guimet, Paris.

M. ANTOINE MEILLET, Professeur au Collège de France, 24 boulevard St. Michel, Paris.

M. A. MORET, Directeur-adjoint, 22 avenue Carnot, Paris XVIIe.

M. ÉMILE SÉNART, Membre de l'Institut, 18 rue François 1er, Paris VIIIe.

GRANDE-BRETAGNE ET IRLANDE.

Professor A. A. BEVAN, Cambridge.

STANLEY A. COOK, Esq., M. A., 26 Lensfield Road, Cambridge.

Mrs. STANLEY A. COOK,                 »              »

A. K. COOMARASWAMY, Esq., Broad Campden.

J. F. FLEET, Esq., Ph. D., C. I. E., Ealing, London W.

Rev. Professor A. S. GEDEN, Wesleyan College, Richmond, Surrey.

Mrs. J. Y. GIBSON, Castle-brae, Chesterton Lane, Cambridge.

GEORGE A. GRIERSON, Esq., Camberley.

Mrs. G. A. GRIERSON,  »

E. B. HAVELL, Esq., 31 Acacia Road, St. John's Wood, London.

Mrs. E. B. HAVELL,  »  »  »

Professor HOPE W. HOGG, 30 Brook Road, Fallowfield, Manchester.

WM. IRVINE, Esq, Holliscroft, 49 Castelnau Barnes S. W.

Miss M. L. IRVINE,  »  »  »  »

Rev. C. H. W. JOHNS, M. A., Cambridge.

Mrs. AGNES SMITH LEWIS, DD., LLD., Ph. D., Castle-brae, Chesterton Lane, Cambridge.

NORMAN MC. LEANE, Esq., London.

Rev. Professor LAWRENCE H. MILLS, University of Oxford.

ARTHUR A. PROBSTHAIN, Esq., London.

ROBERT SEWELL, Esq., Eastbourne.

Sir RICHARD C. TEMPLE, London.

Rev. T. H. WEIR, 64 Partickhill Road, Glasgow.

Miss WEIR,  »  »

Professor GEORGE WILKINS, Trinity College, Dublin.

The Secretary of State for India, London.

### HONGRIE:

M. IGNAZ KÚNOS, Dr, Directeur de l'Académie Orientale de Commerce, Kalman-utcza 6, Budapest.

M. le Professeur ED. MAHLER, Musée National, Budapest.

Herr Oberrabbiner Dr. LUDWIG VENETIANER, Ujpest.

Frau  »  » LUDWIG VENETIANER,  »

### INDE BRITANNIQUE:

Dr. J. P. VOGEL, Archæological Surveyor, Lahore, Punjab.

ITALIE:

Madame la Comtesse Evelyn Martinengo-Cesaresco, **Salò**, Lago di Garda.

M. Paolo Emilio Pavolini, Dr, Professeur, Piazza S. Marco 2, Firenze.

PAYS BAS:
MM.

J. H. Abendanon, Dr, Jan van Nassaustr. 43, La Haye.

M. J. de Goeje, Dr, Professeur à l'Université de Leyde.

G. A. J. Hazeu, Dr, Weltevreden (Indes Néerl.).

J. Marquart, Dr, Conservateur au Musée d'Ethnographie.

C. A. van Ophuysen, Professeur à l'Université de Leyde.

Mme C. A. van Ophuysen — Van Steeden, Leyde.

M. C. Peltenburg, Maison E. J. Brill, Leyde.

M. C. Snouck Hurgronje, Professeur à l'Université de Leyde.

RUSSIE:

M. J. Baudouin de Courtenay, Professeur à l'Université, Vasili Ostr., 10 l. no 23, l. 5, St.-Pétersbourg.

M. Paul de Kokowzoff, Professeur à l'Université, 3 Rota, Ismailowski 11, log. 10, St.-Pétersbourg.

M. Maxime Vasmer, Peterb. stor., Bolchoï Prospekt no 4, l. 15, St.-Pétersbourg.

SUÈDE:

M. K. V. Zetterstéen, Dr, Professeur à l'Université. Upsala.

SUISSE:

M. Paul Oltramare, Professeur à l'Université de Genève.

# COMMUNICATIONS ANNONCÉES

SÉANCE GÉNÉRALE:

> Herren Geh. Reg.-Rat Professor Dr. R. Pischel, Professor Dr. A. Grünwedel, Professor Dr. F. W. K. Müller, Dr. Emil Sieg und Dr. A. von Le Coq: Die Königlich Preussische Expedition nach Chinesisch-Turkestan und ihre Ergebnisse (mit Vorführung von Lichtbildern).

## SECTIONS:

I. — LINGUISTIQUE. LANGUES INDO-EUROPÉENNES:

> Hr. Cand. mag. W. Thalbitzer, København: The Eskimo Numerals.
>
> M. J. M. Hoogvliet, Dr., Chargé de cours à l'Université d'Utrecht:

II a. — INDE:

> Herr Dr. phil. Otto Strauss, Berlin: Über den Stil der philosophischen Partien des Mahābhārata.
>
> M. le Professeur Paul Oltramare, Genève:
>
> Herr Professor Dr. R. Otto Franke, Königsberg i/Pr.: Zur Entstehungsgeschichte der Literatur des buddhistischen Pali-Kanons.
>
> Professor A. V. William Jackson, Columbia Univ., New York: Notes on the Sanskrit Drama.
>
> Herr Professor Dr. Leopold v. Schroeder, Wien: Ein volkstümlicher Umzug im Rigveda.

II b. — IRAN:

> Herr Professor Dr. Chr. Bartholomae, Giessen: Was bedeutet das altpersische D<sup>u</sup>UV<sup>i</sup>T<sup>a</sup>AP<sup>a</sup>R<sup>a</sup>N<sup>a</sup>M<sup>a</sup>?

III a. — CHINE ET JAPON:

>  Herr Dr. phil. O. Nachod, Berlin: Die staatlichen Einrichtungen des alten China, besonders von der Han-bis zur Tang-Dynastie.

IV a. – ARAMÉEN, HÉBREU, PHÉNICIEN, ÉTHIOPIEN, etc.:

> Dr. Chotzner, London: The Bible as Literature.
>
> Herr Oberrabbiner Dr. M. Lerner, Altona: Eine Mischna-sammlung Hillels.
>
> Herr Dr. Moritz Friedländer, Wien: Jesus und die vorchristlichen Nazaräer.
>
> Professor Dr. Paul Haupt, Baltimore:
>
> a) Behemoth in the Book of Tobit.
>
> b) The Poetic Form of the Book of Amos.
>
> c) The Semitic Root n a g.
>
> d) The Boundaries of Palestine and the Race of the Galileans.
>
> Herr Dr. Ludwig Venetianer, Ujpest: Über den Ursprung der Prophetenlectionen.
>
> Professor Louis Ginzberg, New York: The Authenticity of the Newly Discovered Parts of the Talmud of Jerusalem.
>
> Herr Professor Dr. P. Nivard Schlögl, Stift Heiligenkreuz, Baden: Biblisch-hebräische Metrik.
>
> Stanley A. Cook, M. A., Cambridge: Palestinian Excavations and the History of Israel.

IV b. — ASSYRIE:

> Professor Morris Jastrow, Philadelphia: A Babylonian Object Lesson in Hepatoscopy.

IV c. — LANGUES ET ARCHÉOLOGIE MUSULMANES:

> Herr Professor Dr. A. Fischer, Leipzig: Plan eines zeitgemässen Wörterbuchs des älteren Arabisch.

Professor Israel Friedlaender, New York: Der Prophet al-Chaḍir und der Alexanderroman.

M. Louis Massignon, Membre de l'Institut français d'Archéologie orientale du Caire: Les migrations des morts de cimetière à cimetière et de secte à secte, dans la ville de Bagdâd.

## V. — ÉGYPTE ET LANGUES AFRICAINES:

Herr Geh. Reg. Rat Professor Dr. A. Erman, Berlin: Der Hohepriester Osorkon.

M. René Basset, Alger: Rapport sur les études berbères et haoussa de 1902 à 1907.

## VI. — GRÈCE ET ORIENT:

Herr Professor Dr. M. Faulhaber, Strassburg i/E.:
a) Babylonische Verwirrung im griechischen Siegelapparat.
b) Zur Technik des biblischen Strophenbaus.

## VII. — ETHNOGRAPHIE ET FOLKLORE DE L'ORIENT:

W. A. de Silva, Esq., Colombo, Ceylon: A Note on Surviving Ceremonies and Folklore connected with Black Magic among the Sinhalese.

On est prié d'adresser au Secrétaire général les titres des communications qu'on se propose de faire au Congrès.

*Le 1er mai 1908.*

# LES ROUTES PRINCIPALES[1]:

En général, il est préférable pour les voyageurs venant des pays de l'Europe d'est de passer par Berlin, tandis que ceux venant des pays d'ouest feront mieux de passer par Hambourg. Toutes les deux villes communiquent deux fois par jour avec Copenhague par Warnemünde-Gedser (voitures directes I & II cl., wagons-lit, wagons-restaurant). De Hambourg, on peut aussi prendre par Kiel-Korsör, ce qui est préférable la nuit pour la III cl., si l'on prend sur le bateau un billet de salon supplémentaire.

## HORAIRES[1]:

### ALLEMAGNE:

Hambourg (Hauptbh.) par Warnemünde: dép. $8^{45}$, arr. Copenh. $6^{\underline{44}}$ (10 heures), ou dép. $11^{\underline{30}}$, arr. Copenh. $9^{43}$ ($10^1/_4$ h.). — Hambourg (Altona) par Kiel-Korsör: dép. $8^{56}$, arr. Copenh. $6^{\underline{54}}$ (10 h.), ou dép. $11^{\underline{08}}$, arr. Copenh. $10^{05}$ (11 h.). — Berlin (Stettiner Bhf.) par Warnemünde: dép. $8^{45}$, arr. Copenh. $6^{\underline{44}}$ (10 h.), ou dép. $11^{\underline{05}}$, arr. Copenh. $9^{43}$ ($10^3/_4$ h.).

### GRANDE-BRETAGNE:

Londres par Flessingue-Hambourg-Warnemünde: dép. $9^{45}$, arr. Copenh. $6^{\underline{44}}$ (33 h.), ou dép. $8^{\underline{35}}$, arr. Copenh. $9^{43}$ ($37^1/_4$ h.). — Londres (Liverpool Str.) par Harwich (Parkeston Quay)-Esbjerg: lundi, jeudi, samedi, dép. $7^{\underline{12}}$, arr. Copenh. $8^{18}$ (37 h.).

### PAYS-BAS:

Amsterdam par Rheine-Hambourg-Warnemünde: dép. $10^{36}$, arr. Copenh. $9^{43}$ (23 h.), ou par Emmerich-Hambourg-Warnemünde: dép. $7^{\underline{16}}$, arr. Copenh. $6^{\underline{44}}$ ($23^1/_2$ h.).

### BELGIQUE:

Bruxelles par Rosendaal-Hambourg-Warnemünde: dép. $6^{00}$, arr. Copenh. $9^{43}$ ($27^3/_4$ h.), ou dép. $5^{16}$, arr. Copenh. $6^{\underline{44}}$ ($25^1/_2$ h.)

---

[1] Les renseignements sont donnés sous toute réserve.

[2] Les chiffres soulignés indiquent les heures de $6^{\underline{00}}$ h du soir à $5^{\underline{59}}$ h du matin.

www.ingramcontent.com/pod-product-compliance
Lightning Source LLC
Chambersburg PA
CBHW061623180626
46818CB00005B/2200